Bernd Staudte

AF150991

Unser irdisches Leben - Realität oder eine Illusion?

Eine spirituelle Betrachtung

Der GRIN Verlag publiziert seit 1998 wissenschaftliche Arbeiten von Studenten, Hochschullehrern und anderen Akademikern als eBook und gedrucktes Buch. Die Verlagswebsite www.grin.com ist die ideale Plattform zur Veröffentlichung von Hausarbeiten, Abschlussarbeiten, wissenschaftlichen Aufsätzen, Dissertationen und Fachbüchern.

Bernd Staudte

Unser irdisches Leben - Realität oder eine Illusion?

Eine spirituelle Betrachtung

GRIN Verlag

1. Auflage 2009
Copyright © 2009 GRIN Verlag GmbH
http://www.grin.com
Druck und Bindung: Books on Demand GmbH, Norderstedt Germany
ISBN 978-3-656-34190-1

Unser irdisches Leben

Realität oder eine Illusion?

Copyright by Bernd Staudte 2009

Inhaltsverzeichnis

Vorwort

Es ist leichter eine Lüge zu glauben die man schon hundertmal gehört hat, als eine Wahrheit, die man noch nie gehört hat.

(Robert Lynd)

Die Erde und die menschlichen Gesellschaften sind in keinem guten Zustand mehr. Seit 5.000 Jahren wurden über 14.000 Kriege gezählt mit vielen Milliarden Toten. Mag sein, dieser oder jener hält dies für den normalen Zustand. Dieser Zustand ist aber bei weitem nicht normal und die Auslesetheorie, dass der Starke stets den Schwachen, der Schnellere den Langsameren und der Clevere den Dummen „frisst", sind erst Gedanken der neuesten Zeit und zwar durchweg von Atheisten und Materialisten ins Leben gerufen. Warum dies so ist? Weil solche Menschen keine andere Erklärung finden können, als eine solche, die sie mit ihren fünf materiellen Sinnen wahrnehmen können und der Geist versucht eine Logik zu schaffen die uns alles Geschehen plausibel erklären soll. Eine solche Denkweise heißt die Rechnung ohne den Wirt machen. Unter Einbezug eines „schaffenden All-Geistes" ist eine solche Betrachtung nicht mehr haltbar. So verwundert es nicht, wenn wir unser Wissen dort suchen sollten, wo nahezu endlose Zeiträume geschildert werden, in den Veden. Die Veden sind sozusagen die Beschreibungen aller Welten und der darin vorkommenden Existenzen. Sie sind die Verknüpfung der Ewigkeit mit der endlichen Zeit, sowie dem Schöpfergott mit uns, den Geschaffenen. Und das beste daran ist, sie wurden uns von Gott selbst übergeben und erklärt. Der interessierte Leser kann sich den „Gesang Gottes" die Bhagavad-Gita besorgen oder der Fortgeschrittene die „Essenz"

der Veden, das zwölfbändige Srimad Bhagavatam. Hier findet er das höchstmöglichste, das an Wissen zu finden ist, die absolute Wahrheit, Gott.

Wie wir unsere Umwelt erfahren

Menschen, die nicht wissen das es ein höchstes Ziel im Leben gibt, halten alles andere als das höchste Ziel für wertvoll. So irren sie wie Blinde umher die von Blinden geführt werden und verstricken sich immer mehr in das Netz der Ziellosigkeit.

(Srimad Bhagavatam, Kap. 7.5.31)

In der Wahrnehmung unserer Außenwelt sind wir an die Leistungsfähigkeit unserer fünf Sinne: sehen, hören, riechen, schmecken und tasten gebunden. Bereits hier können wir feststellen, dass das, was wir wahrnehmen nicht die absolute Wahrheit sein kann. Wenn wir von verschiedenen Menschen uns ein und denselben Gegenstand beschreiben lassen, so erhalten wir sehr voneinander abweichende Schilderungen. Nehmen wir jetzt noch Tiergattungen hinzu, so verändert sich das gleiche Objekt für uns bis zur Unkenntlichkeit. Ein Pferd sieht den gleichen Gegenstand etwa siebenmal größer, ein Fliegeauge sieht diesen durch eine Unzahl von Facetten, andere Tiere können wiederum die Welt nur durch Wärmeabstrahlung wahrnehmen, andere nur durch Farben, andere nur durch Geschmack und wieder andere nur durch Vibrationen und alle diese Wesen, einschließlich der Menschen, glauben das sie die Wahrheit des Objektes erkannt haben. So kann doch jeder leicht feststellen, wenn ein jedes Subjekt eine andere Wahrheit in dem gleichen Objekt erkennt, wie kann das dann die Wahrheit sein, die so verschieden wahrgenommen wird? In dieser Frage

liegt auch bereits die Antwort: es handelt sich bei allen diesen Erkenntnissen von Objekten lediglich um eine relative Wahrheit, aber nicht um eine absolute Wahrheit. Wir leben in der materiellen Welt in der Begrenzung von Zeit und Raum (Dreidimensionalität) sowie in der Dualität aller Dinge. Jedes Phänomen hat einen dualen Partner: früh - spät, warm - kalt, hoch - tief, alt - jung, Leben -Tod, Freude - Leid usw.. Die Dualität in der materiellen dient dem einzigen Zweck Wahrnehmungsdifferenzen ausgleichen zu können, da die absolute Wahrheit gleichzeitig Harmonie bedeutet. In einem harmonischen Zustand sind alle Gegensätze ausgeglichen. Die Menschen haben sehr wohl ihre Defizite in der Wahrnehmung erkannt und versuchen ihre Sehmängel durch Teleskope und Mikroskope zu erweitern, welches ihnen auch bis zu einer gewissen Potenz gelingt. Doch dann setzt der Raum-Zeit-Faktor wieder eine unüberwindliche Schranke in der materiellen Erkenntnis, die man auch die Heisenbergsche Unschärferelation nennt.

Wie die Welt wirklich ist

Die gesamt materielle Substanz, Brahman genannt, ist die Quelle der Geburt und es ist dieses Brahman das ich befruchte, so dass die Geburten aller Lebewesen möglich werden.

(Bhagavad-Gita, Kap. 14.3)

Die Erkenntnis der materiellen Welt beschreibt eine Wahrnehmung von Materie in ihrer Kleinheit mittels Elektronenmikroskop und endet in ihrer Größenbeschreibung bei einem gewissen Betrachtungsabstand von der Erde im kosmischen Raum, in dem man Gesehenes mit uns bekannten analogen Begriffen versieht: wie Spi-

ralnebel, schwarze Löcher, Planeten, Milchstrasse, Sonnensystem usw.. Ansonsten bleiben alle Erkenntnisse über das eigentliche Wesen und den Zweck dieser Objekte letztendlich nur Spekulationen oder Hypothesen. Wir stoßen also sehr schnell an die Grenzen unserer Erkenntnisfähigkeit, wenn wir die Welt mit unseren mangelhaften Gerätschaften und unseren fehlerhaften Sinnen erkennen und erklären wollen. Hier kommen wir auch nicht mit unserem Raumsonden wesentlich weiter, außer das diese wesentlich mehr finanzielle Mittel verschlingen, die uns für unser weiterleben auf der Erde bald sehr schmerzhaft fehlen dürften.

In den Veden finden wir eindeutige Beschreibungen, aus was unser Universum besteht, wer darin lebt, wer es geschaffen hat und welchen Zweck diese Schöpfung hat. Wir erfahren auch, dass es unzählige materielle Universen gibt, die wie Weintrauben an einem Weinstock zusammenhängen. Wir erfahren auch, dass es eine spirituelle Welt mit spirituellen Planeten gibt, die von der materiellen Welt getrennt ist und wir erfahren weiterhin, dass die spirituelle Welt ca. 75 Prozent der Gesamtschöpfung ausmacht und nur 25 Prozent auf unsere materiellen Universen und seine Bewohner entfallen. Die größte Anzahl aller Lebewesen lebt in der spirituellen oder transzendentalen Welt, die Jesus Christus das „Reich Gottes" nannte. So erfahren wir, dass in jedem materiellen Universum 8.400.000 Lebensformen existieren, wobei darin 400.000 menschliche Lebensformen enthalten sind. Mit diesem Wissen sieht die Welt doch wesentlich anderes aus. Dieses Wissen (die Veden) hat Gott, der Allgeist mehrmals seinen höchstentwickelten gottähnlichen Menschenwesen (wie Jesus Christus oder Buddha u.v.a.m)

offenbart. In unserer Zeit, dem Eisenzeitalter existieren von wirklicher Religion lediglich noch 25 Prozent, der große Rest ist Irreligion. Diese Aussage stammt ebenfalls aus den Offenbarungen der Veden. Wir kommen später noch näher darauf zurück.

Wer oder was bestimmt unsere Entwicklung ?

Alle Planeten in der materiellen Welt, vom höchsten bis hinab zum niedrigsten sind Orte des Leides, an denen sich Geburt und Tod wiederholen. Wer aber in mein Reich gelangt, wird niemals wiedergeboren.

(Bhagavad-Gita, Kap. 8.16)

Jetzt sind wir dort angelangt, wo wir die Frage beantworten können wer oder was unsere Entwicklung eigentlich bestimmt. In den Veden erklärt uns Gott, das er uns unter die Aufsicht und Kontrolle der materiellen Natur und der Zeit gestellt hat. Was ist denn eigentlich die materielle Natur? In den Veden erhalten wir eine Antwort. Die materielle Natur arbeitet unter ihren drei Erscheinungsweisen. Diese drei Erscheinungsweisen heißen Gunas und es sind Kräfte, die im materiellen Universum auf uns, also auf die von Gott in die geschaffenen und in die materiellen Universen eingeschlossenen Seelenpartikel ständig einwirken. Diese Gunas wirken auf den feinstofflichen Körper ein und steuern unseren Geist. In der materiellen Welt sind wir durch das Wirken der Gunas von einem dichten Netz geistiger Materie umschlossen, die unseren Geist ständig und ohne das wir dies verhindern können beeinflussen. Es sind die Gedanken und Erfahrungspotentiale aller jemals in Universum existierenden Lebewesen. Und denken Sie auch daran: Energie geht nicht verloren, sie ändert lediglich ihren Zustand. Bedenken

Sie auch den unaufhörlichen Strom von Gedanken, der uns Tag und Nacht peinigt und nur, wenn der Körper in den Tiefschlaf fällt und die äußeren Sinne abgeschaltet sind, haben wir für eine kurze Zeit Ruhe vor diesen Plagegeistern. Was aber sind denn die drei Gunas eigentlich? In den Veden wird ein Guna das Guna der Tugend (Sattva-Guna) genannt, ein weiteres ist das Guna der Leidenschaft (Rajo-Guna) und eines ist das Guna der Unwissenheit (Tamo-Guna).

Das Sattva-Guna wird beschrieben, als die Kraft der Tugend, welche die Seele (das eigentliche Lebewesen) spirituell erhebt. Das Rajo-Guna ist die Kraft der Leidenschaft (die Kraft, die das Leiden schafft), durch die sich die verwirrte Seele ständig im Kreis dreht. Diese Kraft ist nicht erhebend, sondern sorgt für einen Stillstand. Sie ist für unseren spirituellen Fortschritt ein großes Hindernis und eine Fessel in der materiellen Welt. Das Tamo-Guna ist die Kraft der Unwissenheit und zieht die Seele in die finstersten Bereiche des materiellen Daseins. Diese drei Gunas oder Erscheinungsweisen der materiellen Natur arbeiten nach einem exakten Plan alle Programmschritte der unerwachten Seele bis zu seinem Erwachen durch und zwar unabhängig davon, ob uns das gefällt oder nicht. Wir haben darauf absolut keinerlei Einfluss. Ebenso, wie ein Staubkorn vom Wind, der einmal aus dieser oder einmal aus jener Richtung bläst, sich der größeren Kraft beugen muss und dahin getragen wird, wohin der Wind es will.

Das muss man verstanden haben: es gibt für den Menschen in der materiellen Welt keinen freien Willen, zu keiner Zeit. Das die Menschen solcherart glauben, dass sie die Handlenden wären ist allein auf die Wirkungsweise der Gunas zurückzuführen, die das Lebewesen, welches einen materiellen Körper annehmen musste, in einem perfekten kosmischen Spiel täuschen das man Maya nennt und in der Illusion halten, es wäre der Handelnde. Im Kosmos handelt niemand unabhängig außer Gott. Die Existenz eines freien Willen durch Menschen ergäbe im Kosmos ein unvorstellbares Chaos, daher unterliegt alles was wir erleben und erleiden müssen lediglich einem exakten Plan, der ein bestimmtes Ziel verfolgt. Dieses Ziel werde ich später noch erklären.

Der Sinn des Lebens

Das Lebewesen in der materiellen Welt trägt seine verschiedenen Lebensauffassungen von einem Körper zu anderen, wie der Wind Düfte mit sich trägt.
(Bhagavad-Gita, Kap. 15.8)

Worin besteht nun der Sinn unseres Lebens überhaupt? Der Sinn des Lebens für die menschliche Lebensform ist es, eine hohe Erkenntnis des inneren Selbst zu erlangen und aus dem Kreislauf von Geburt und Tod in der materiellen Welt in die spirituelle Welt, in das Reich Gottes zu gelangen. Das ist unsere wirkliche Aufgabe. Unser inneres Selbst ist ein ewig existierendes Energiepartikel der höchsten Seele, Gott. Die menschliche Lebensform ist die einzige Möglichkeit zu dieser höheren Erkenntnis zu gelangen. Die, in unvordenklichen Zeiten in die materielle Welt geschleuderten Seelen (man spricht auch vom Samen Gottes, mit dem er die materiel-

le Welt befruchtet) wurden von Gott unter die Aufsicht und Kontrolle der materiellen Natur und der Zeit gestellt. Verwirrt durch das Flimmern der fünf Elemente der Natur und verwirrt durch die materiellen Sinne des Lebewesens beim leiden und genießen der materiellen Welt, erkennt dieses nicht mehr sein ursprüngliches Ziel: ein ewiger Diener Gottes zu sein. Wenn es einen Diener gibt, so muss es auch einen Dienst geben und jemanden, der den Dienst entgegen nimmt. Das Lebewesen ist als Teil Gottes der ewige Diener und der Höchste Herr nimmt den Dienst des Lebewesens entgegen. Worin besteht nun dieser Dienst? Dieser Dienst besteht darin, dass sich das Lebewesen dem Höchsten Herrn ergibt und erkennt, dass es nur einen Herrn und einen Genießer aller Dinge gibt: Gott. Wenn das Lebewesen diese Erkenntnis erlangt, hat es das höchste Ziel seines Seins erkannt.

Die absolute Wahrheit, Gott, kennt keine Dualität. Der Wissende und der Gegenstand des Wissens sind eins. Die Dualitäten in dieser materiellen Welt entstehen allein im Geist des Lebewesens durch das „falsche Ego": das bin ich und das ist mein. Das Lebewesen ist weder der materielle Körper, noch gehört etwas in dieser materiellen Welt ihm. Aus dieser falschen Sicht der Wahrheit entstehen alle Leiden und illusorische Spekulationen denen das Lebewesen unterliegt. Es ist daher ureigenste Pflicht und Interesse des Lebewesens seine wirkliche Position zu erkennen. Um zu dieser hohen Erkenntnis zu gelangen, gibt uns Gott selbst den Schlüssel in die Hand: „Gib alle Religionen auf und ergib dich mir.

.

Verehre mich und bringe mir deine Ehrerbietungen dar, dann wirst du mich mit Sicherheit erreichen." (Bhagavad-Gita)

Um dieses einzige wirkliche Lebensziel zu erreichen stehen alle grobstofflichen Prozesse einem hohen Denken entgegen, da die Nahrung in hohen und niederen Frequenzen schwingt. Zum Beispiel lösen die verzehrten Leichenteile getöteter Tiere disharmonische Schwingungen im Geist des Menschen aus, die ein hohes Denken und die geforderte Stetigkeit auf dem Wege der geistigen Evolution unterbinden. Damit sinkt das Lebewesen immer wieder, aufgrund des Entstehens von materiell verunreinigten Wünschen, in die illusorischen Fängen der schwer zu überwindenden materiellen Natur zurück. Aber nicht nur die Nahrung ist wichtig, sondern jeder Gedanke und jede Handlung entscheiden über die Zukunft des Lebewesens, dass im materiellen Körper wie in einem Fahrzeug sitzt und mit seinen fünf materiellen Sinnen und dem, seinen Wünschen aus dem vergangenen Leben erhaltenen Körper die Welt genießen und erleiden muss. Das Lebewesen muss, wenn es erfolgreich sein will, spirituelle Unterweisungen aus der richtigen Quelle empfangen. Diese einzige und unverfälschte Quelle sind die Veden, welche uns direkt von Gott als Lebensrichtlinien gegeben worden. Die Veden sind kein Lesestoff den wir nach Belieben nutzen oder ablehnen können, sondern sie verkörpern die absoluten Gesetze Gottes, denen sich niemand entziehen kann. Sie sind das regulativ für alle Lebewesen in allen Universen.

Wer oder was ist Gott?

Wer nach vielen Geburten und Toden tatsächlich in Wissen gründet, ergibt sich Mir, da er weiß, dass Ich die Ursache aller Ursachen und das Ich alles bin. Solch eine große Seele ist sehr selten.

(Bhagavad-Gita, Kap. 7.19)

Jeder Mensch möchte eine Antwort auf diese Frage. Es existiert in unserer Zeit kein wirkliches Wissen darüber, weil sich an die Stelle des Wissens die personifizierte Unwissenheit gesetzt hat und sich selbst die Rolle Gottes anmaßt. Gott ist in Allem existent. Er ist die einzige Wirklichkeit. Er ist alldurchdringend, allmächtig, allwissend und allgegenwärtig. Gott wohnt als Überseele im Herzen eines jeden Lebewesens. Er ist allen Lebewesen gleich gesonnen. Man kann Gott nicht mit dem Verstand aufspüren, man kann ihn nur durch Hingabe und Liebe zu allen Aspekten des Lebens entdecken. Sieh in die Natur und rieche den Duft der Blüten, höre den Schrei des Vogels, sieh das Licht der Sonne, höre das rauschen des Flusses. Hinter all diesen Klängen steht die klanglose Stille, hinter allen Lichtern strahlt das Licht des Lichtes, hinter all dem Vergänglichen ist das unvergängliche Absolute, hinter allen Bewegungen ist die eine bewegungslose Unendlichkeit. Hinter der Zeit, den Minuten und Stunden ist die zeitlose Ewigkeit. Hinter dem Hass und den Kriegen steht die verborgene Liebe. Gott hat keinen Anfang, keine Mitte und kein Ende, er weilt in jedem Atom, als die subtile Form der ewigen Zeit. Er kontrolliert von innen, er ist von nichts abhängig, er verfügt über alle Füllen in unbegrenzter Weise. Gott ist die einzige Realität in unserem Universum. Er stillt deinen Durst und deinen Hunger. Das Höchste Wesen allen Seins ist nicht zu erklären, obwohl es Gelehrte intellektuell versuchen. An diesen

Versuchen des fehlerbehafteten Intellekts ist nichts wahr. Es sind Spekulationen. Man kann sich Gott, der ewigen Substanz und der spirituellen Transzendenz nur mit Hingabe, Liebe und Demut nähern. Nur dann wird er sich uns offenbaren; entweder als Brahmanausstrahlung, als Überseele (Paramatman) in unserem Herzen oder als Bhagavan (als spirituelle höchste Person, Gott). Die letzte Sicht ist nur durch Bhakti, durch bedingungslose Hingabe zu verwirklichen. Gott ist eine lebende Wirklichkeit. Gott ist eine Person, mit einem ewigen spirituellen Körper, ausgestattet mit allen Füllen in unbegrenzter Art. <u>Gott wird dann als reinstes Bewusstsein erfahren, wenn der Intellekt stirbt.</u> Der Mensch ist ein bloßes Nichts vor dem Allmächtigen, der alles lenkenden Kraft, welche die Bewegungen von Millionen von Universen steuert.

Gottes Wille drückt sich in jedem Naturgesetz aus. Wir erklären die Welt aus Ursache und Wirkung. Nirgendwo gibt es eine Wirkung ohne eine dahinter stehende Ursache. Die Menschen in ihrem intellektuellen Unwissen halten sich selbst für Gott und haben daher Probleme die alles regulierende Macht über ihnen anzuerkennen. Hier wollen sie nicht die Ursache einer Wirkung anerkennen. Das ist gottlos und dämonisch; und deswegen sind wir alle hier in der materiellen Welt. Wir wurden maßlos in unserem Anspruch zu sein wie Gott. Die Naturerscheinungen können sich ebenso wenig selbst regeln, wie zum Beispiel ein Kraftwerk nicht ohne die dahinter befindliche Geistesarbeit der Ingenieure arbeitet. Die Natur arbeitet nur unter der Kontrolle des Schöpfers aller Dinge. Es gibt keinen Ort, wo Gott nicht ist. Aus Gott geht alles hervor. Er ist das

Behältnis allen Seins. Er schafft aus seinen Energien alle Lebensformen, die beweglichen und die unbeweglichen. Er geht in alle Atome als Überseele ein und ist dennoch persönlich fern von allen materiellen Erscheinungen. Eine Regierung ist auch nicht überall persönlich anwesend, dennoch aber geht alles von der Regierung aus und wird auch von dieser kontrolliert. Er ist sowohl spirituelle Person, als auch energetische Manifestation. Er ist der Eine, ohne einen zweiten und dennoch erzeugt er die Vielfalt. Mensch, frage nicht warum? Verneige dich in Demut.

Die drei Erscheinungsweisen der Natur

Das Lebewesen, das einen neuen grobstofflichen Körper annimmt, erhält eine bestimmte Art von Augen, Ohren, Nase, Zunge und Tastsinn, die um den Geist gruppiert sind. Auf diese Weise genießt es eine bestimmte Auswahl von Sinnesobjekten.

(Bhagavad-Gita, Kap. 15.9)

Die Menschheit befindet sich in der materiellen Welt in drei Erscheinungsweisen, die der Unwissenheit, der Leidenschaft und der Tugend. Zumeist, in unserem Zeitalter, dem Kali-Yuga, in der Mischform Unwissenheit und Leidenschaft oder Leidenschaft und Tugend. Die reine Lebensform der Tugend ist nur bei vollkommen gereinigten spirituellen Menschen, wie Heiligen oder Vaisnavas im bestem Sinne anzutreffen. Die materiellen Sinne des Menschen bewirken in den Lebewesen eine Verwirrung und eine Täuschung (Maya) über die tatsächliche Wahrheit und den tatsächlichen Sinn des Lebens. Je mehr ein Lebewesen von den Erscheinungsweisen der Unwissenheit und der Leidenschaft angezogen wird, umso mehr unterliegt es dieser Täuschung. Aufgrund der starken Ausprägung der materiellen Sinne des Lebewesens neigt es dazu, die

Natur und die anderen Mitgeschöpfe für seine Sinnbefriedigung zu benutzen. Zunächst differenzieren solche Lebewesen nach Zuneigung und Abneigung gegenüber den Dingen, die sie mit ihren fünf Sinnen wahrnehmen können. Das Ergebnis einer solchen Betrachtungsweise besteht in Anhaftung oder Abneigung. Aus der Anhaftung entsteht der Wunsch das Objekt mit seinen Sinnen zu genießen, also die Begierde. Aus der Abneigung entsteht die Mitleidlosigkeit mit anderen Wesen. Infolge dessen, dass ein Lebewesen ein anderes Lebewesen oder eine materielle Sache, an die es angehaftet ist nicht genießen kann, entsteht Zorn. Aus dem Zorn entstehen Mord und Kriege. Daher ist es erste Pflicht in der spirituellen Unterweisung, die Anhaftung und die Abneigung an materielle Körper oder Dinge aufzugeben. Das Wesen des inneren Friedens ist es, in allem was man sieht, hört, fühlt, schmeckt und riecht nur das eine wahrzunehmen, die Ursubstanz in allen Dingen, den göttlichen Funken des Lebens. Da ein Lebewesen seine Wünsche nicht gänzlich beenden kann, ist es erforderlich unsere Wünsche auf das Höchste Wesen und das Höchste Sein, Gott, zu richten. Denn Gott ist die einzige Realität in unserem Universum. Alles andere, was wir wahrnehmen ist durch die täuschende Differenzierung der in den Erscheinungsweisen der Unwissenheit oder Leidenschaft befindlichen Lebewesen verfälscht durch das Denken: „Dieser Körper bin ich" und „Das ist mein." Das innere Selbst des Menschen kann man im Urzustand seines Seins, in der Tugend, mit einem gereinigten Spiegel vergleichen, indem das Lebewesen sich und die Wahrheit der Erscheinungen unverfälscht erkennen kann. Durch die Anhaftung an die materielle Natur „verkrustet" in

Laufe vieler Leben dieser Spiegel mehr und mehr, sodass das Lebewesen keine wahrheitsgemäße Reflexion seines inneren Zustandes mehr wahrnehmen kann. Daher verliert es sich mehr und mehr in Illusion über sein wirkliches Sein. Da jedoch in jedem Lebewesen die Überseele anwesend ist, gibt diese dem Lebewesen viele Gelegenheiten, diese Verkrustungen des „Seelenspiegels" wieder zu beseitigen. Wir nennen und verspüren dies als Leid. Das Leid reinigt und läutert uns. Dieser Prozess ist zumeist sehr schmerzhaft, aber der einzige Weg, wenn das Lebewesen nicht gewillt ist spirituelle Unterweisungen eines Meisters anzunehmen. Da alle in die materielle Welt gefallenen Lebewesen unter die Aufsicht und Kontrolle der materiellen Natur und der Zeit geraten, die unter der Kontrolle der Höchsten Person tätig ist, ist es keinem Lebewesen möglich dieser Kontrolle zu entgehen. Bei diesem Reinigungsprozess geht es nicht darum, dass das Lebewesen in Armut leben sollte. Es sollte nicht an Dinge angehaftet sein und die Dinge sehen, wie sie wirklich sind. Das Lebewesen sollte mit dem zufrieden sein, was es ohne große Bemühungen erhält und all das, was ein einfaches Leben übersteigt für die Verbreitung des spirituellen Wissen auf der Welt verwenden. Das allein ist das einzige lohnenswerte Ziel Frieden und Zufriedenheit für alle Lebewesen in dieser Welt zu schaffen.

Ist die Welt nur eine täuschende Illusion?

Ich weile im Herzen eines jeden und von Mir kommen Erinnerung, Wissen und Vergessen. Durch die Veden bin ich zu erkennen; ja, ich bin der Verfasser der Vedanta und ich bin der Kenner der Veden.

(Bhagavad-Gita, Kap. 15.15)

Wenn man sich Gedanken darüber macht: wer bin ich wirklich, so kommt man nicht umhin auch zu erfragen, was ist diese Welt? Bereits an dieser Stelle erkennt man, dass ein jedes Lebewesen die Welt so sieht und deutet, wie es seine Sinne gestatten. Nun gibt es in unserer Welt Lebewesen, die mit einem, zwei, drei, vier oder fünf Sinnen ausgestattet sind. Jedes dieser Lebewesen erkennt die Dinge dieser Welt anders und jedes dieser Wesen glaubt zu wissen, dass diese Welt so ist wie es das jeweilige Lebewesen sieht. Dieses Verständnis für die Welt nennt man Maya oder Täuschung. Erleuchtete verfügen noch über einen sechsten Sinn: sie können in andere Dimensionen sehen, aber auch da gibt es Unterschiede in der Wahrnehmung. Wie entsteht also der Eindruck, den wir von der Welt haben? Der Eindruck entsteht durch die Tätigkeit und die Wahrnehmung bestimmter Qualitäten unserer fünf Arbeitssinne: sehen, riechen, hören, schmecken und fühlen. Diese Eindrücke ordnet unser Geist zu einem Bild, welches er mit anderen Bildern vergleicht, korrigiert und kategorisiert. Ein Mensch unterliegt zwei Zuständen, dem Wachzustand und dem Schlaf oder Traumzustand. Im Wachzustand erfährt er die Welt über seine fünf Arbeitssinne, im Traumzustand erfährt er Reflexionen von Bildern aus vergangenen Leben, aus Kombinationen und Abstraktionen gehegter Wünsche und gemachter Erfahrungen, die sich dreidimensional auf einer eindimensionalen schwarzen Leinwand filmartig abspielen. Der Unterschied zwischen beiden Ereignissen besteht lediglich darin, dass der Wachzustand von allen etwa gleich erfahren wird und der Traumzustand von jedem Lebewesen einzeln. Aus diesem Grunde halten die Lebewesen den Wachzustand für die Realität

und den Traumzustand für eine Illusion. Aus spirituellen Erkenntnissen ist der Wachzustand ebenso unwirklich, wie das Traumerleben. Wird eine Person bewusstlos oder stirbt, so erlischt auch die äußere Welt des Wachzustandes, woraus sich die Schlussfolgerung ableitet, das die äußere Welt ein Hirngespinst unserer fünf Arbeitssinne und unseres Geistes ist. Denn in der Stufe der Erleuchtung verschmelzen der Seher und das Gesehene, also Objekt und Subjekt zu einem. Die Welt wie wir sie im Wachzustand und im Traumzustand erfahren, existiert plötzlich nicht mehr. Daher erkennt der Erleuchtete, das die Dualität der materiellen Welt nur eine Einbildung, eine Täuschung, bedingt durch die materiellen Sinne, ist. Im Traumerleben träumt ein Handwerker er wäre ein König. Würde der Traum nie enden, wäre der Handwerker ewig ein König. Wenn der Traum zuende ist und der Handwerker erwacht, zeigen ihm seine fünf Arbeitsinne wieder ein anderes Bild: das des Handwerkers. Würde nun das Traumerleben genau 12 Stunden andauern, in welchem der Handwerker König ist und genau 12 Stunden wäre er Handwerker, er könnte nicht sagen, was er wirklich ist. Der Traum ist also eine Scheinwirklichkeit und der Wachzustand eine relative Wirklichkeit. Wo es Relativität gibt muss es auch das Absolute geben. Das Absolute ist Gott, denn er ist auch gleichzeitig die einzige Wirklichkeit. Alle materiellen Welten sind in Grunde nur, ebenso wie unsere Vorstellungen von Glück und Unglück, von warm und kalt, groß und klein, gut und böse, Illusionen unserer Sinne und unseres Geistes. Sie haben keinen Bestand. Daher muss man seinen Geist auf das richten, was beständig ist: Gott. Gott ist das einzige Absolute und die einzige Wirklichkeit. Die spiri-

tuelle, ewig existierende Seele der Lebewesen ist von den Spekulationen des Geistes unberührt, sie ist urerst und immerwährend.
Sie kennt weder Vergangenheit, noch Gegenwart, noch Zukunft.
Durch die Gemeinschaft mit der Materie, die aus den fünf Elemen-
ten: Erde, Wasser, Feuer, Luft und Äther besteht, gerät die Seele
mittels der Bedeckung mit einem materiellen Körper und durch
dessen Arbeitssinne in Illusion. Diese Täuschung muss mit Hilfe
spirituellen Wissens beseitigt werden, sodass ein Lebewesen erkennen kann, was es wirklich ist und was seine ewige Beziehung
zu Gott, der absoluten Wahrheit ist.

„Das Elend des „modernen" Menschen ist, das er versucht jede
Ausdehnung seines spirituellen Bewusstseins durch materielle Logik zu verhindern. Das sind seine wirklichen Fesseln. Die unaus-
gegorene materielle Wissenschaft und Psychologie sind im besonderen die Kräfte, die eine Selbstverwirklichung des Lebewesens
verhindern. Die Krankheiten in dieser Welt werden durch falsche
Erziehungsmethoden, das Wirken der Gesellschaft, durch politi-
sche Zielrichtungen und die individuellen Übel dieser Welt verur-
sacht – und somit eine Degeneration bei der sich die Menschheit
gegen das Gesetz der spirituellen Wirklichkeit gewandt hat." [1]

Existiert für uns wirklich ein „freier Wille" ?

Rufen wir uns noch einmal ins Gedächtnis, was wir vorausgehend
bereits zum Teil beschrieben haben, aber jetzt noch einmal vertie-

---

[1] Krishnananda, Swami: Perlen des Yoga, S. 38

fen möchten, denn es ist sehr wichtig für das weitere Verstehen. In den Veden erklärt uns Gott, das er uns unter die Aufsicht und Kontrolle der materiellen Natur und der Zeit gestellt hat. Was ist denn eigentlich die materielle Natur? In den Veden erhalten wir die Antwort, nirgendwo sonst. Die materielle Natur arbeitet unter ihren drei Erscheinungsweisen. Diese drei Erscheinungsweisen heißen Gunas und es sind Kräfte die im materiellen Universum auf uns, also auf die von Gott in die geschaffenen materiellen Universen geschleuderten Seelenpartikel ständig einwirken. Die Gunas beeinflussen den feinstofflichen Körper und steuern unseren Geist. In der materiellen Welt sind wir durch das Wirken der Gunas von einem dichten Netz geistiger Materie umschlossen, die unseren Geist ständig und ohne das wir dies verhindern können beeinflussen. Es sind Gedanken und Erfahrungspotentiale aller im Universum existierenden Lebewesen. Und denken Sie auch daran: Energie geht nicht verloren, sie ändert lediglich ihren Zustand. Bedenken Sie auch den unaufhörlichen Strom von Gedanken, die uns Tag und Nacht peinigen und nur, wenn der Körper in den Tiefschlaf fällt und die äußeren Sinne abgeschaltet sind haben wir für eine kurze Zeit Ruhe vor diesen Plagegeistern. Was aber sind denn die drei Gunas eigentlich? In den Veden wird ein Guna das Guna der Tugend (Sattva-Guna) genannt, ein weiteres ist das Guna der Leidenschaft (Rajo-Guna) und eines ist das Guna der Unwissenheit (Tamo-Guna). Das Sattva-Guna wird beschrieben, als die Kraft der Tugend, welche die Seele (das eigentliche Lebewesen) spirituell erhebt. Das Rajo-Guna ist die Kraft der Leidenschaft (die Kraft, die das Leiden schafft), durch die sich die verwirrte See-

le ständig im Kreis dreht. Diese Kraft ist nicht erhebend, sondern sorgt für einen Stillstand. Sie ist für unseren spirituellen Fortschritt ein großes Hindernis und eine Fessel in der materiellen Welt. Das Tamo-Guna ist die Kraft der Unwissenheit und zieht die Seele in die finstersten Bereiche des materiellen Daseins. Diese drei Gunas oder Erscheinungsweisen der materiellen Natur arbeiten nach einem exakten Plan alle Programmschritte der unerwachten Seele bis zu seinem Erwachen durch und zwar unabhängig davon, ob uns das gefällt oder nicht. Wir haben darauf absolut keinerlei Einfluss. Ebenso, wie ein Staubkorn vom Wind, der einmal aus dieser oder einmal aus jener Richtung bläst, sich der größeren Kraft beugen muss und dahin getragen wird, wohin der Wind es will. Das muss man verstanden haben: <u>es gibt für den Menschen in der materiellen Welt keinen freien Willen, zu keiner Zeit</u>. Das die Menschen glauben, dass sie die Handlenden wären, ist allein auf die Wirkungsweise der Gunas zurückzuführen, die das Lebewesen, welches einen materiellen Körper annehmen musste, in einem perfekten kosmischen Spiel täuschen und in der Illusion halten es wäre der Handelnde. <u>Im Kosmos handelt niemand unabhängig außer Gott.</u> Die Existenz eines freien Willen durch Menschen ergäbe im Kosmos eine unvorstellbares Chaos, daher unterliegt alles, was wir erleben und erleiden müssen lediglich einem exakten Plan, der ein bestimmtes Ziel verfolgt. In einem späteren Kapitel werde ich dieses Ziel zu erklären versuchen. In den Veden wird dargestellt wie die Wirkung der Guna auf uns Menschen ist: „Wenn die Erscheinungsweise der Leidenschaft zunimmt, entwickeln sich Anzeichen großer Anhaftung, unbeherrschtes Verlangen, Begehren und gro-

ße Anstrengungen." (Bhagavad-Gita 14.1) „Wenn die Erscheinungsweise der Unwissenheit zunimmt, machen sich Irrsinn, Illusion, Untätigkeit und Dunkelheit deutlich bemerkbar." (Bhagavad-Gita 14.13) Diese externen Kräfte, denen wir hilflos ausgeliefert sind, treiben uns zu bestimmten Verhaltensweisen und Taten. Unter diesem Aspekt wird uns klarer, was Jesus Christus meinte, als er sprach: „Urteilt und richtet nicht, auf dass ihr nicht gerichtet werdet, denn mit dem Maß mit welchem ihr messt, werdet ihr gemessen werden." Die drei Erscheinungsweisen der materiellen Natur treiben uns durch alle sogenannten „guten und schlechten" Handlungen. In unseren ungezählten Inkarnationen waren wir Opfer, Mörder, Selbstmörder, geniale Baumeister und üble Spieler, einfach alles. Daher sollten wir vorsichtig sein mit der Verurteilung anderer: wir sollten die Tat verurteilen, aber nicht den Menschen, der vielleicht gerade jetzt in der Situation leben muss, die wir mit dem vorigen Leben hinter uns gelassen haben. Keiner ist besser als sein Nachbar, wir sind nur zu verschiedenen Zeiten „gestartet" worden und jeder muss das gleiche Programm absolvieren. Im Kosmos (griechisch: Ordnung) gibt es keinen Zufall. Alles arbeitet perfekt nach dem Plan Gottes.

Das kosmische Drama, eine perfekte Illusion

Was bedeuten diese Offenbarung Gottes in den Veden für uns? Wo es ein energetisches Potential gibt, dort gibt es auch Wachstum, Vermehrung und Reifung. In der Tat: durch die Allmacht Gottes existieren, nach dessen Erklärungen, unzählige von ihm geschaffene materielle Universen mit jeweils 8.400.000 Lebensfor-

men. In jedem Universum gibt es einen Brahma, der die weiteren Lebewesen außer ihm erschafft. Dafür schaffte er zunächst Halbgötter, diese nehmen dann die weitere Vermehrung und Schaffung der Lebensformen vor. Die Menschen wurden von Manu (Mensch), dem menschlichen Urvater geschaffen. Es ist nicht richtig, dass sich der Mensch aus den niederen Lebewesen entwickelt hat, sondern alle Lebewesen sind eigenständige Schöpfungen, die jedoch ähnlich Bausteine aufweisen. Alle diese Vorgänge: das Entstehen der Universen, das zeitweilige Bestehen und die Vernichtung derselben erfolgen zyklisch, sich stets in der gleichen Reihenfolge wiederholend. Während der höchste Gott Krishna als Maha-Vishnu im Ozean der Ursachen im Schöpfungsschlaf träumt, atmet er ungezählte Universen aus. Wenn er erwacht beginnt die unmanifestierte Natur unter seiner kontrollierten Schöpfungsenergie zu erwachen und sich nach seinem Willen zu manifestieren. Wieso geschieht das alles und was hat es mit uns Menschen auf sich, in diesem universalen kosmischen Spiel? Nach seinen eigenen Unterweisungen in der Bhagavad-Gita war Gott allein und Urerst und er verfügt über alle Energien in unbegrenzter Weise. Also schaffte und schafft er, was er benötigt aus sich selbst. Er erklärt uns auch detailliert wie er das macht, nicht aber warum er das macht. Ich möchte jetzt einmal spekulieren über das warum, denn einen Grund hat die Schöpfung, Erhaltung und Vernichtung der Universen zweifellos. In den Veden wird von Gottes Spiel und Tanz (Lila und Rasa) geschrieben und Gott betont auch an vielen Stellen sinngemäß: „Ihr, meine Lebewesen braucht keine Angst zu haben über das, was mit euch

geschieht, denn ihr seid unsterblich und ihr seid meine ewigen Be-
standteile. Das, was ich erschaffe und wo ich euch hineinversetze
ist letztlich (wie ihr am Ende eurer Entwicklung selbst erkennen
werdet) nur eine Illusion, in welcher ihr eine von mir zugedachte
Rolle spielt........". Bereits hier drängt sich die Frage auf: war Gott
trotz seiner Allmacht sehr, sehr einsam? Und es könnte doch so
sein das uns Gott dies sagen könnte, wenn er es wollte: „ ....und
da ich (Gott) ungezählte Universen in mehreren Dimensionsebe-
nen mit 8.400.000 Einzellebensformen, darin enthalten 400.000
menschliche Lebensformen geschaffen habe, die genau meinem
Plan folgend bestimmte Rollen zu spielen haben, so könnt ihr euch
nicht vorstellen welche gewaltigen Permutationen, Variationen und
Kombinationen damit zu spielen sind. Und Zeit habe ich unendlich.
So werdet ihr euch jetzt auch nicht mehr wundern, wenn sich das
Spiel in unendlicher Abfolge, aber einem konsequenten Schema
folgend bis in alle Ewigkeit wiederholen muss, ehe all diese Kombinationen aus Materie und Geist in allen Lebensformen und allen
Universen, mit den sich ständig wiederholenden Zeitzyklen durch-
gespielt sind. Aus diesem unendlichen Spiel, das für euch oft
freudvoll und oft sehr leidvoll ist, gelangt jedes vollerwachte See-
lenwesen irgendwann zu mir zurück in die einzige wirkliche Welt,
meine spirituelle Welt. In dieser spirituellen Welt werdet ihr leben,
in der materiellen Welt werdet ihr von der Natur und der Zeit, die
unter den drei Erscheinungsweisen der Unwissenheit, Leidenschaft und Tugend tätig ist, gelebt. Die Natur stellt euch nach euren Wünschen und euren Erscheinungsweisen eure materiellen
Körper zur Verfügung. Und die Zeit erhält und vernichtet diese

wieder. Aber jede Seele bringt mir etwas mit, was ich bisher noch nicht kannte: Liebe. Diese selbst erfahrene Liebe, geboren aus eurem endlichen Leid des WERDENS hatte mir vorher gefehlt. Ich verfügte zwar über die sechs Füllen in unbegrenzten Maße: Reichtum, Kraft, Ruhm, Schönheit, Wissen und Entsagung. Seit eurer Schöpfung bin ich allen Lebewesen neutral gesonnen. Jetzt beginne ich eine siebente Fülle zu erfahren: die Liebe. <u>Mein niederes Selbst zu erfahren, das ist die wahre Ursache dieses von mir geschaffene grandiose, kosmische Spiel.</u> Denn bei euch kann es auch nur geben, was es bei mir gibt. Ich will euch noch etwas verraten: ich habe eine höhere und eine niedere Natur. Die niedere Natur habe ich sehr streng von meiner höheren Natur getrennt. Meine niedere Natur, oder mein niederes Selbst ist die von mir geschaffene materielle Welt. Diese niedere Natur oder auch äußere Energie darf mit meiner inneren oder höheren Energie, oder meinem höheren Selbst nicht unmittelbar in Berührung gelangen. Daher benutze ich das Traumerleben, um meine niedere Natur zu erfahren. Im Schlaf erträume ich alle diese Universen mit allen Lebewesen und euch darin. Daher könnt ihr mir auch glauben, dass diese materielle Welt, die doch nur mein Traumerleben darstellt, auch nur eine Illusion ist, wenn auch für euch eine sehr perfekte Illusion. So perfekt, das ihr glaubt sie wäre die Realität. Die einzige Realität bin ich und ihr, die erwachten ewigen Seelenpartikel."

Aber was wäre dann die Botschaft Gottes für die Menschheit, um sich aus dieser materiellen Illusion zu befreien ? In den Veden wird immer wieder von Gott selbst erklärt, dass die materielle Natur von

den Menschen nur im erwachten Zustand zu überwinden ist. <u>Der erwachte Zustand bedeutet die kompromisslose Anerkennung der Allmacht Gottes und das Ende aller materiellen, philosophischen, theosophischen, wissenschaftlichen und religiösen Spekulationen, denen die in Illusion gefangene Menschheit seit unvordenklichen Zeiten nachgeht.</u> Das Vorhandensein von vierzehn Planeten in sieben niederen und sieben höheren Dimensionen gestattet es der Menschheit lediglich auf dem Rad der Wiedergeburten im Universum in 8.400.000 Lebensformen auf- und abzusteigen und die Früchte ihrer Handlungen in den verschiedensten Körpern zu genießen. Selbst die Halbgötter, die auf ihren höheren Planeten 100.000 Jahre und mehr, oder wie Brahma 311 Billionen Jahre leben, sind immer noch materielle Wesen in einer materiellen Welt und unterliegen der Geburt, dem Alter und dem Tod. Die höheren Dimensionen haben lediglich eine weniger dichte Masse, aber dafür ist umso perfekter die Illusion und damit die Befriedigung der feinstofflichen Sinne. Alle Halbgötter, großen Yogis, Mystiker oder sonstige Wesen im Universum leben in Illusion, sofern sie nicht wirklich Gott und den Weg kennen, wie man dem materiellen Gefängnis der Wiedergeburten auf ewig entrinnen kann. Denn dies ist das Einzige, was Gott von uns will: die Illusion zu erkennen und den Kreislauf von Geburt, Alter und Tod für immer zu verlassen und nach Hause in unsere eigentliche Heimat, die spirituelle Welt (zu den spirituellen Planeten, den Vaikuntha-Planeten) zu gelangen. Daher wachen die in Illusion befindlichen Seelen zu verschiedenen Zeiten auf, da auch ihre Startzeiten in die materielle Welt verschieden erfolgten. Außerdem entwickelt sich jede Seele ver-

schieden schnell: die einen benötigen 2 Millionen Inkarnationen, die anderen weniger oder noch mehr. Das kosmische Geschehen ist ein großes göttliches Dramen, was man auch „Himmel oder Hölle" nennen könnte und läuft exakt nach einem unabänderlichen, zyklischen Programm ab. Diese Illusion und den dahinter stehenden Dramaturg zu erkennen und anzuerkennen, dass nennt man Erleuchtung. Alles andere, mit was wir uns sonst noch beschäftigen ist ebenso Illusion, auch wenn es für die unerwachte Seele noch so wunderbar und realistisch erscheint. Wie aber entkommt man dieser materiellen Welt ? Dazu sollte man wissen, dass eine Seele immer von Gott auf den schnellsten Weg zur Erkenntnis geschickt wird. Das Geheimrezept, diesen schnellen Weg einzuhalten heißt: Nicht-Handeln oder in Tugend handeln. Für uns Menschen bedeutet dies, wenn wir stets im Bewusstsein an Gott handeln und die Ergebnisse unserer Handlung Gott geben, selbst aber keine Anhaftung an die materiellen Ergebnisse unserer Tätigkeiten in Form von Wünschen und Genusssucht haben, wir kein Karma erzeugen. Alles, was wir für unser eigenes Ego schaffen, wünschen oder tun, erzeugt Karma, also Handlungen die uns an die materielle Welt erneut binden. Alles, was wir für Gott, den höchsten Genießer all unserer Tätigkeiten ausführen bindet uns nicht an die materielle Welt, da dieses Tun spirituell ist. Im Klartext heißt dies: der Mensch schafft sich auf der transzendentalen Ebene kein Karma mehr und muss daher auch nicht mehr unter leidvollen Bedingungen erneut in der materiellen Welt existieren. Nun nützt es aber den Menschen wenig, wenn er zwar auf höhere Planeten (aufgrund seiner guten Handlungen) erhoben wird, aber nach einer

endlich langen Zeit, wenn die Früchte der guten Handlungen aufgebraucht sind, fällt er wieder herunter in die dichteren Materieformen, wie die Erde oder eine der sechs Dimensionen darunter und das Spiel beginnt von Neuem. Die Inkarnation auf der Erde ist deshalb so günstig für die Rückkehr der Menschen zu Gott, da die Erde der Planet ist auf dem die Materie am dichtesten und die Illusion am geringsten ist. Auf den Planeten der höheren Dimensionen ist die Materie weniger dicht, aber die Möglichkeiten der illusionären Schöpfungen gewaltig. Daher genießen die Bewohner dieser Planeten viele Tausende von Jahren ungezählte Genüsse und wenn die Früchte ihrer guten Handlungen aufgebraucht sind sterben sie wie wir auch und fallen wieder in die dichteren Dimensionen zurück. Das Spiel beginnt von neuem, Leben für Leben, auf und ab auf dem Rad der Wiedergeburten, solange bis die in Illusion befindliche Seele erwacht. Dieses ist aber nur die eine Seite des Wissens, die andere, ebenso wichtige Seite der Erkenntnis schildere ich im folgenden. Der materielle Körper wird von einer, für die meisten unsichtbaren, feinstofflichen Energiehülle umgeben. Diese besteht im wesentlichen aus dem Astralkörper, dem Mentalkörper und dem Kausalkörper. Verbunden sind diese Hüllen und der materielle Körper über ein gewaltiges Netz von Energiebahnen, den Nadis. Man rechnet mit etwa 360.000 solchen Nadis, wovon etwa 120 sehr wichtige Nadis sind, im wahrsten Sinne lebenswichtige. Der höchste Gott, Krishna, erklärt Arjuna in der Bhagavad-Gita sinngemäß: "Wer die Halbgötter verehrt geht zu den Planeten der Halbgötter, wer die Vorfahren verehrt geht zu den Vorfahren, wer die Dämonen verehrt geht zu deren Planeten, wer

mich verehrt wird zu den spirituellen Planeten erhoben, von wo es keine Rückkehr in die materielle Welt mehr gibt." Wichtig ist zu wissen, dass es in unserer Welt in Wirklichkeit nur Vergangenheit und Zukunft gibt, das Jetzt ist so kurz, das jede genossene Sekunde nach deren Vergehen bereits Vergangenheit ist. Daher ist jeder Genuss in der materiellen Welt von extrem kurzer Dauer. Die Lebewesen werden daher ständig durch ihre Sinne und den fordernden Geist getrieben ihre Sinne zu befriedigen. In der spirituellen Welt dagegen gibt es weder Vergangenheit, noch Zukunft und das Lebewesen, die ewige Seele, lebt immer im Jetzt in einer ungeahnten Glückseligkeit. Nun muss man noch wissen, dass das, was man zum Zeitpunkt des Todes denkt ungeheuer wichtig für den Weg ist, den die Seele nehmen wird. Je nach dem Reifegrad des Lebewesens und seinen Gedanken im Moment des Todes verlässt die Seele mit den feinstofflichen Hüllen den materiellen Körper durch ein genau bestimmtes Nadi aus den 120 Haupt-Nadis und bringt sie exakt in die Dimension, wo sie evolutionsmäßig hingehört. In den siebenten Himmel (die höheren Dimensionen) oder in die Hölle (die niederen Dimensionen) oder in das ewige spirituelle Reich.

Die nahe Zukunft der Erde, ein Ende mit Schrecken ?

In diesem Kapitel wird etwas über die Konsequenzen unseren gottlosen Tun, unserer Heuchelei, unserer Habgier, unserer Mitleidlosigkeiten gegen unsere Mitlebewesen und gegen die Natur geschrieben. Aus den niederen Planetensystemen steigen im Kali –

Yuga die übelsten Dämonen auf und inkarnieren auf dem Planet Erde. Sie wissen, dass dies derzeit der beste Platz ist die dämonischen Eigenschaften der Gottlosigkeit ausleben zu können. Sie wissen aber nicht, dass ihr auftauchen ebenso dem zyklischen Programm „kosmisches Drama" folgt und das sie alle von der 10. Inkarnation Vishus, Kalki, getötet werden und damit sofort das spirituelle Reich Gottes erreichen. Phantastisch, aber real. Es ist alles in den Veden beschrieben.

Es existiert ein sehr interessanter Beitrag von Michael Winkler, welcher uns hier einen guten Einblick gibt. Er schreibt: „Von allen Spekulationen auf diesen Seiten ist das hier die größte. Ich habe längere Zeit gebraucht, um eine befriedigende und widerspruchsfreie Antwort zu finden. Betrachten wir die Entwicklung seit dem Jahr 1900, so stellen wir fest, dass die Situation auf dieser Welt immer schlimmer geworden ist. Krieg reiht sich an Krieg, die beiden größten nennen wir Weltkriege. Massenmord reiht sich an Massenmord. Selbst die modernen Errungenschaften, wie Technik und Globalisierung, führen zur Umweltzerstörung und Massenelend. Nichts ist mehr sicher, alle fallen übereinander her, schieben, betrügen, plündern sich aus und korrumpieren, aber das Menetekel steht schon an der Wand. Nach den apokalyptischen Prophezeiungen steht das "große Abräumen" bevor, bei dem je nach Quelle ein Drittel, zwei Drittel oder gar 90 Prozent der Menschheit sterben werden. Uns erwartet ein Atomkrieg, der Einschlag eines Asteroiden, der Ausbruch eines Supervulkans, eine Polverschiebung - oder alles zusammen. Sie können sich vorbereiten, Ihre Überlebenschancen verbessern, aber es gibt keine Garantie, dass

Sie die nächsten Jahre überleben. Für niemanden. Salopp gesagt, leben wir in einer Zeit, in der es immer nur auf die Schnauze gibt. Die Politik hat in den letzten 30 Jahren kein einziges Problem wirklich gelöst, sondern immer nur noch schlechtere Lösungen gebastelt. 1990 hatten wir die Chance auf eine bessere Welt, als der eiserne Vorhang gefallen war. Der alte Gegensatz, der kalte Krieg, der jederzeit weltvernichtend ausbrechen konnte, war beendet. Statt dessen kamen immer neue Kriege und die Globalisierung, der totale Wirtschaftskrieg aller gegen alle. Wer die Welt betrachtet, bekommt das Gefühl, dass hier der Entwurf Satans verwirklicht wird und nur die Skrupellosen unter den Harten bestehen und immer mehr Macht und Geld anhäufen. Doch nicht einmal Macht und Geld sichern das Überleben. Geld ist heute nur noch bedrucktes Papier, ein virtueller Wert, der vor dem Kollaps steht. Und Macht ist ebenso flüchtig. Die USA unter George W. Bush sind übermächtig, können jeden Gegner mühelos besiegen, doch der US-Marine vor Ort, der Exponent der siegreichen Weltmacht, ist schwach, verletzlich, ein Todeskandidat. Sie arbeiten für eine florierende, profitable Weltfirma - aber wissen Sie wirklich, dass Ihr Kollege im Nachbarbüro nicht schon an einem Konzept arbeitet, das Ihren Arbeitsplatz kosten wird? Oder dass 10.000 km entfernt ein Konsortium von "Heuschrecken" gerade plant, Ihre Firma zu übernehmen? Was tun Sie dann, mit der Hypothek auf Ihrem Eigenheim? Selbst 200.000 Euro Jahresgehalt schützen nicht vor Hartz IV. Für Sie ist es egal, ob das Messer, das jetzt zwischen Ihren Rippen steckt, von der Hand eines unzufriedenen Migranten geführt wurde, oder von einem ewig gestrigen Rechtsradikalen,

einem frustrierten Jugendlichen oder einem linksprogressiven Volldemokraten. Messer ist Messer, egal aus welch hochstehenden Motiven es Ihnen in den Leib gerammt wurde. Die Erde gleicht immer mehr einem Gefängnishof, in dem die Wachen wegschauen, wenn die Gefangenen ihre Konflikte mit Gewalt austragen. Jede Chance auf Frieden und Verbesserung der Zustände wird vereitelt, geradezu naturgesetzlich kommt es immer zum schlechtest möglichsten Ausgang. Im Vergleich zum Jahr 1900 hat sich die Weltbevölkerung mit 6,1 Milliarden Menschen beinahe verdreifacht. Es ist, als hätte das Jenseits den Seelen Betriebsurlaub gegeben, alles auf die Erde entlassen, das irgendwie zur Erde gelangen konnte. Oder als würde das Jenseits Seelen wegen kleinster Verfehlungen in die Strafkolonie Erde schicken. Die Wahrheit liegt in der Mitte. Die Seelen prügeln sich förmlich, um auf die Erde zu gelangen, auf die Welt des entfesselten Satans. Sie kommen hierher, zum großen Abräumen. Sie wollen hierher, sie wollen die allerschlimmste Phase miterleben. Auch SIE! Sie haben sich entschieden, die Hölle auf dieser Erde zu durchleben. Sie wollten in dieses 21. Jahrhundert, in die Höllenperiode der Menschheit. Sie haben Karten gekauft, um die Apokalypse auf guten Plätzen mitzuerleben. Sie sind hier, weil das Ihre größte Chance ist. Sie sind hier, um in Ihrem tiefsten Inneren erschüttert zu werden. Sie sind hier, um aus der eingeschliffenen Bahn geworfen zu werden, um Ihre Fehler zu erleben und daraus zu lernen. Sie sind ein Teil der Hölle, Sie sind hier, um sich als Teufel zu erleben - für die Chance, ein Engel zu werden. Vor dem Seelengericht zählen nur Einsicht, ehrliche Reue und Umkehr. Entwickelte Seelen können durchaus

aus eigener Kraft zur Einsicht gelangen, doch es ist leichter, aus der Situation hieraus zu lernen, wenn man mit den eigenen Fehlern konfrontiert wird. Per aspera ad astra, nannten das die Römer, durch den Sumpf der eigenen Schlechtigkeit zur Höhe des eigenen seelischen Fortschritts. Die Hölle hat Freigang, deshalb ist diese Welt so geworden, wie sie heute ist. Ob Sie aus der "Hölle" stammen, kann Ihnen niemand sagen. Aber Sie selbst können sich tagtäglich dafür entscheiden, nach den Regeln der Hölle zu spielen, oder umzukehren und aufzusteigen. Sie sind hier, um zu lernen. Sie haben sich die Höllenlektion auf dieser heutigen Erde selbst ausgesucht. Betrachten Sie die Apokalypse als einen Gnadenakt! Sie braten nicht 10.000 Jahre in der Hölle, Sie sitzen nicht 80 Jahre in einem Leben voller Leid und Schrecken fest, sondern nach gerade einmal 30 Jahren irdischen Schreckens kommt die Atombombe und erlöst Sie aus der Strafkolonie. Womöglich bringen Sie drei Tage schmerzerfüllter Agonie Sie weiter, als 30 normale Leben. Ihr Fall wird wieder aufgerollt, und Sie haben die besten Chancen auf Begnadigung - auf eine Begnadigung, die Sie sich selbst verdient haben. Nur wer lebt, kann sich entwickeln und seine Probleme lösen! Genau dafür sind Sie auf die Erde gekommen. Ja, Sie! Sie haben diese jetzige Hölle gewählt, um sich zu bewähren. Das ist Ihre große Chance! Bewähren Sie sich,es ist in Ihrem Interesse."[2]

Und so setzt jeder von uns seine einsame Wanderung von einem Irrtum zum nächsten fort, bis wir am Ende unserer Reise durch

---

[2] http://www.michaelwinkler.de/Die_Welt/Strafkolonie.html

diese Sackgasse der (Ent)Täuschungen an einem Tor angelangt sind an dem geschrieben steht::

> „Suchet, so werdet ihr finden;
> klopfet an, so wird euch aufgetan;
> bittet, so wird euch gegeben."

Der Autor

Bernd Staudte ist Jahrgang 1944 und mehrfacher Buchautor. Vor seinem 12-jährigen Fernstudium war er 8 Jahre als Hauer im U-ranbergbau der SDAG Wismut tätig. In seiner darauf folgenden Zeit als Diplom-Ingenieur war er als überdurchschnittlicher Know-How Entwickler bei CARL ZEISS und KRONE bekannt. Zuletzt leitete er ein Solarprojekt in Berlin-Charlottenburg, das die Anwendung von Solarenergie und Fotovoltaik auf öffentlichen Gebäuden, im besonderen im Stadtbezirk Spandau zum Ziel hatte. Er war einige Zeit Schüler des indischen Raj-Yogi Dr. Narendra. K. Jain. Später eignete er sich die vedischen Lebenslehren an. Als Pensionär und Freier Journalist ist er schriftstellerisch tätig und widmet seine Publikationen den gesellschaftlich wichtigsten Disziplinen, wie der Umweltproblematik, der Sozialethik, der Religionsphilosophie, den vedischen Lebenslehren und den Ergebnissen der Globalisierung für die Menschheit. Seine zahlreichen Publikationen findet man bei Amazon und vielen anderen Buch-Shops.